RÉPUBLIQUE FRANÇAISE
LIBERTÉ. — ÉGALITÉ. — FRATERNITÉ

MINISTÈRE DES COLONIES

INSTRUCTION PROVISOIRE

SUR

LE FONCTIONNEMENT ADMINISTRATIF

DU SERVICE DE SANTÉ COLONIAL

(8 JUILLET 1905)

PARIS
IMPRIMERIE NATIONALE

MDCCCCV

RÉPUBLIQUE FRANÇAISE.

LIBERTÉ. — ÉGALITÉ. — FRATERNITÉ.

MINISTÈRE DES COLONIES.

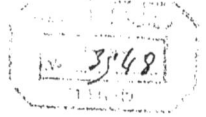

LE MINISTRE DES COLONIES à *Messieurs les Gouverneurs généraux de l'Indo-Chine, de Madagascar, de l'Afrique occidentale française; les Gouverneurs des Colonies et Commissaire général du Gouvernement du Congo français.*

(Ministère des Colonies. — Bureau militaire, 2ᵉ Section; 3ᵉ Direction, Comptabilité, 1ᵉʳ et 2ᵉ Bureaux. — Inspection générale du Service de santé.)

Paris, le 8 juillet 1905.

Envoi d'une Instruction provisoire sur le fonctionnement administratif du Service de santé colonial.

J'ai l'honneur de vous adresser ci-jointe une *Instruction provisoire sur le fontionnement administratif du Service de santé colonial.*

Cette Instruction a pour objet de permettre, au Service dont il s'agit, l'application du Décret du 4 novembre 1903, portant organisation du Service de santé aux Colonies et plus particulièrement des récents règlements sur la comptabilité des matières (Décret du 22 décembre 1904 et Instruction du 16 janvier 1905).

Les quelques considérations ci-après permettront d'en poursuivre, sans hésitation, la mise en application.

CHAPITRE PREMIER.

La répartition en sous-directions devra être basée, dans les colonies constituant des gouvernements généraux, sur *l'organisation militaire territoriale;* dans les groupes de colonies comportant des gouvernements indépendants, il y aura, dans chaque colonie secondaire, une sous-direction ayant à sa tête le directeur *local* du Service (qui sera ainsi sous-directeur pour l'ensemble du Service dans la colonie), prévu par l'Instruction du 3 novembre 1903, relative à l'application du Décret du 26 mai de la même année sur le groupement des forces outre-mer.

La création des sous-directions devra être, dans tous les cas, soumise à l'approbation ministérielle.

CHAPITRE II.

La nouvelle Instruction donne au directeur du Service de santé, dans chaque groupe de colonies, les mêmes attributions qu'aux directeurs d'artillerie. Il *disposera donc, sous l'autorité du gouverneur et du commandant supérieur des*

COLONIES.

1

Il ne faut pas perdre de vue que le mot *atelier* doit s'appliquer à *tout détail de service* faisant des consommations de matières ou emploi de main-d'œuvre ; les feuilles d'ouvrage sont destinées à l'inscription de toutes les dépenses, en matières ou main-d'œuvre, faites par ledit détail, pour un *service déterminé*, lequel doit avoir préalablement donné lieu à l'établissement d'un *ordre de travail.*

Sauf le matériel destiné aux stocks de mobilisation, chaque dépense (en matières, main-d'œuvre, etc.) faite au titre du chapitre *Matériel des hôpitaux*, doit être inscrite sur une feuille d'ouvrage qui constitue, à proprement parler, *une feuille de dépense.*

Les matières achetées pour l'approvisionnement du service courant, lesquelles ne peuvent avoir de destination déterminée au moment de leur achat, ne sont imputées qu'*au moment de leur emploi*, sur la feuille d'ouvrage ouverte en vue du service pour lequel la dépense est faite.

Cette manière d'opérer, en ce qui concerne le matériel du service courant, est nécessaire pour deux raisons ; d'une part, pour permettre de se rendre compte du total de la dépense faite pour un service (ou ouvrage) déterminé, en y comprenant les matières prises en magasin et payées antérieurement ; d'autre part, parce que les relevés de feuilles d'ouvrage devant servir à établir les situations administratives, il ne faut pas qu'une même dépense figure deux fois dans un même total.

Les dépenses *en main-d'œuvre* sont inscrites au jour le jour, sous la forme de journées de main-d'œuvre, dans les conditions spécifiées par l'Instruction générale du 16 janvier 1905.

Les dépenses *en matières*, appliquées à un service (ou ouvrage) déterminé, doivent être inscrites sur la feuille correspondante, *en totalité*, le jour même de leur prise en charge par le préposé audit travail, soit qu'elles proviennent d'achats directs dans le commerce, soit qu'elles proviennent des magasins du service, de cessions etc.

Ces matières, n'étant pas toujours consommées immédiatement (vivres, médicaments, etc.), sortent, néanmoins, dès ce moment, *des comptes de l'État*, et leur emploi ultérieur est suivi par le moyen des *comptabilités intérieures*, décrites dans l'Instruction, sous la surveillance et la responsabilité du chef de l'établissement, d'abord, du sous-directeur ou du directeur de Service, ensuite.

Bien que le système de l'ordinaire ne soit pas sans inconvénients, à divers points de vue, l'instruction provisoire a prévu la possibilité de le maintenir, pour certains établissements. Il conviendra que les directeurs de Service apportent le plus grand soin *à la détermination des allocations journalières*, afin qu'elles correspondent bien, pour chaque catégorie, aux besoins réels, et que les chefs d'établissement ne soient pas tentés d'accroître les malades de certaines catégories en vue de procurer à leur ordinaire des ressources qui leur permettraient de subvenir aux besoins d'une autre catégorie de malades, pour laquelle l'allocation fixée serait insuffisante.

Les directeurs de Service devront, en outre, s'assurer que l'ordinaire ne supporte que les *dépenses rigoureusement réglementaires* ; toute infraction, à cet égard, devra être sévèrement réprimée.

Une note de l'ordonnateur, rédigée également selon les prescriptions ci-dessus, sera jointe à chaque rapport.

Les gouverneurs ajouteront, bien entendu, au dossier les observations qu'ils croiront nécessaires.

D'une façon générale, toutes les observations ne devront se rapporter qu'aux *seules dispositions nouvelles introduites par l'Instruction*. Il conviendra donc de s'abstenir rigoureusement de revenir sur celles qui ont fait déjà l'objet de réglementations antérieures dans les actes généraux relatifs à l'organisation du Service, à la comptabilité en deniers ou à la comptabilité des matières.

Je compte, pour la mise en application de cette Instruction, sur la bonne volonté de tous les intéressés, qui ne manqueront pas, j'en suis convaincu, d'apporter à cette tâche le zèle indispensable pour que cette nouvelle réglementation puisse donner les résultats que l'on est en droit d'en attendre.

Signé : CLÉMENTEL.

La gestion des matières est assurée dans les conditions prévues par le Décret du 22 décembre 1904 et l'Instruction du 16 janvier 1905, par les comptables gestionnaires, sous la surveillance des chefs d'établissement dont ils relèvent.

ART. 3.

Attributions administratives du personnel
(directeurs, sous-directeurs, chefs d'établissement).

La direction du Service de santé est exercée, dans chaque groupe des Colonies, par un médecin du corps de santé des troupes coloniales, dans les conditions déterminées par le décret du 4 novembre 1903.

Lorsque l'étendue du territoire ou la répartition géographique des établissements relevant d'un même directeur le comportent, le directeur délègue ses attributions, en ce qui concerne la surveillance administrative ou technique à exercer sur les établissements du Service situés dans une région déterminée, à un *sous-directeur* qui reste placé sous l'autorité immédiate et constante du directeur responsable.

Le sous-directeur peut être, *en même temps*, chef d'établissement.

Il est le délégué du directeur comme *ordonnateur en matières* dans les conditions prévues à l'article 9 de l'Instruction du 16 janvier 1905.

Il peut, en outre, recevoir délégation du directeur pour les diverses attributions qui sont conférées à ce dernier par le décret du 4 novembre 1903 (art. 7).

Chaque établissement du Service général, chaque infirmerie-ambulance et, éventuellement, chaque hôpital militaire sont placés sous les ordres d'un médecin du Service de santé, qui prend le titre de *médecin-chef* dudit établissement.

La pharmacie principale constitue un établissement distinct et relève directement et exclusivement, au même titre que les hôpitaux, du directeur du Service de santé ou d'un sous-directeur.

Chaque chef d'établissement gère les crédits qui lui sont attribués par le directeur de Service et surveille la gestion des matières et objets de toute nature en approvisionnement, en service ou en consommation dans l'établissement.

CHAPITRE II.

ADMINISTRATION GÉNÉRALE.

§ 1. PROJET DE BUDGET.

ART. 4.

Établissement des prévisions de dépenses.

Les prévisions de dépenses d'un exercice doivent être calculées en prenant pour base le chiffre global des crédits de l'exercice antérieur.

Les crédits inscrits aux chapitres dont il s'agit sont, dans chaque chapitre, répartis entre les articles ci-après :

ART. 1er. *Dépenses des établissements hospitaliers du Service général* (hôpitaux ou ambulances);

ART. 2. *Dépenses des établissements militaires proprement dits* (infirmeries--ambulances et éventuellement hôpitaux militaires);

ART. 3. *Dépenses des infirmeries régimentaires, infirmeries de garnison et postes médicaux;*

ART. 4. *Traitement dans les hôpitaux, ou autres établissements sanitaires civils, des malades à la charge du budget colonial;*

ART. 5. *Approvisionnements de réserve et de mobilisation* (médicaments, pansements, matériel médical et chirurgical, matériel de laboratoire, unités collectives, etc.);

ART. 6. *Dépenses diverses* (n'entrant pas dans les catégories ci-dessus, telles que : transports de matériel entre les divers hôpitaux, lorsque l'imputation des frais ne peut être faite à une section déterminée, service des bureaux de la direction, et, éventuellement des sous-directions, etc.);

ART. 7. *Crédit réservé à la disposition du commandant supérieur des troupes* (pour parer à diverses éventualités, telles que : épidémies, expéditions militaires, etc.);

ART. 8. *Crédit réservé à la disposition du Département.*

Les articles 1er et 2 sont subdivisés en autant de sections qu'il existe *d'hôpitaux ou d'ambulances du Service général, d'infirmeries-ambulances ou d'hôpitaux militaires.*

L'article 5 comporte trois sections :

1re section. Confections;

2e section. Entretien et réparations;

3e section. Achats pour renouvellement ou accroissement.

Les articles 7 et 8 comportent autant de sections qu'il est attribué de destinations distinctes aux crédits prévus à ces articles, au moment de leur emploi, selon les ordres du commandant supérieur des troupes pour les crédits inscrits à l'article 7, et du Ministre pour les crédits inscrits à l'article 8.

Ces subdivisions en sections ne peuvent, en conséquence, figurer que sur les comptes rendus ultérieurs et ne peuvent intervenir lors de l'établissement du plan de campagne.

ART. 7.
Plan de campagne provisoire.

Ainsi qu'il est dit à l'article 5, dès que le Ministre a notifié à un groupe de colonies le projet de budget concernant le Service de santé, le directeur établit son *plan de campagne provisoire.*

Ce plan de campagne prévoit, dans les conditions indiquées plus haut, la articles, et la subdivision des articles en sections ne figure au plan de campagne qu'à titre d'indication.

Toutefois, les déplacements de crédits entre les sections de l'article 1ᵉʳ intéressant des colonies placées sous l'autorité de gouverneurs différents ne peuvent avoir lieu que par autorisation du Ministre ou après entente entre les gouverneurs intéressés (art. 7).

Les déplacements de crédits d'un article à un autre, par rapport au plan de campagne approuvé, sont, en principe, soumis à l'approbation ministérielle.

Exceptionnellement, et en cas d'urgence, ils peuvent être autorisés, à titre provisoire, par le gouverneur, sous réserve d'en rendre compte immédiatement au Département.

Toutes les modifications au plan de campagne seront notifiées sans retard à l'ordonnateur.

§ 3. CONSTITUTION DES APPROVISIONNEMENTS.

ART. 10.
États de demande d'approvisionnements.

Le directeur adresse annuellement au Ministre, en même temps que le plan de campagne provisoire, des états de demande d'approvisionnements, établis *en double expédition*, dans les conditions ci-après :

Chaque chapitre du budget comporte deux états distincts :

1° ÉTAT Nº I. — *État de demande d'approvisionnements non destinés à être portés sur feuilles d'ouvrage* (modèle n° 2).

Cet état doit comporter tout le matériel et les approvisionnements divers demandés au titre de la réserve ou de la mobilisation (art. 5 du budget), *quelle que soit leur nature.*

Ce matériel et ces approvisionnements ayant, *a priori*, une affectation bien déterminée, il est possible de procéder immédiatement à l'imputation de la dépense correspondante à l'article 5 du budget et à la section de cet article appelée à la supporter.

Les matières et objets qu'ils comprennent ne sont pas portés sur feuilles d'ouvrage au moment de leur délivrance ou de leur emploi. La dépense correspondant à l'achat est considérée comme définitive au moment où elle est effectuée.

Cet état n° 1 est donc établi par article et par section du budget.

2° ÉTAT Nº II. — *État de demande d'approvisionnements destinés à être portés sur feuille d'ouvrage au moment de leur emploi* (modèle n° 2 bis).

Cet état comprend le matériel et les approvisionnements de toute nature, non compris dans la catégorie ci-dessus, c'est-à-dire destinés aux besoins du service courant et dont il est impossible de prévoir, *a priori*, la répartition exacte entre les divers hôpitaux ou infirmeries.

Les matières et objets compris dans cet état de demande sont inscrits sur les feuilles d'ouvrage correspondantes *au fur et à mesure de leur emploi.*

2.

ART. 13.

États de demande supplémentaires.

Au cas où il y a lieu d'adresser au Département, au cours de l'exercice, des demandes supplémentaires, elles sont établies dans les mêmes conditions que celles qui sont prévues pour le début de l'exercice et classées de la même manière.

Toutefois, elles devront être accompagnées d'une déclaration de fonds libres (*modèle n° 4*) dont le montant devra être au moins égal à la valeur totale du matériel demandé, y compris la partie des frais de transport à liquider dans la métropole.

ART. 14.

Achats sur place.

Les matières et objets de toute nature, nécessaires pour le service, sont achetés sur place, toutes les fois qu'il est possible, ainsi qu'il est dit à l'article 10.

L'imputation des dépenses résultant de ces achats sera faite selon les mêmes principes que pour les achats faits par l'intermédiaire du Département.

Si les matières ou objets achetés ont une destination définitive (c'est-à-dire se rapportant à un article et à une section déterminés du budget) l'imputation de la dépense pourra être faite immédiatement à l'article ou à la section intéressés.

Dans le cas contraire, elle sera effectuée sur l'ensemble des crédits du chapitre.

§ 4. Emploi des Crédits.

———

ART. 15.

Devoirs des directeurs.

En ce qui concerne l'emploi des crédits, le directeur est lié, en premier lieu, par le plan de campagne approuvé du Ministre, sous réserve des déplacements de crédits autorisés dans les conditions indiquées à l'article 9 ci-dessus.

La répartition indiquée par le plan de campagne s'applique d'ailleurs, non aux crédits en deniers, mais aux dépenses *totales* concernant *la main-d'œuvre, les achats de matières effectués sur place ou les commandes adressées dans la métropole en vue d'une affectation déterminée et, enfin, les matières prises en magasin au cours de l'exercice sur les approvisionnements qui y ont été introduits pour les besoins du service courant, sans affectation déterminée d'avance. (La proportion entre les dépenses en deniers effectuées dans chaque article ou section et les dépenses correspondant à l'emploi des matières de la dernière catégorie indiquée ci-dessus, c'est-à-dire prises en magasin, reste d'ailleurs quelconque, et aucune obligation à cet égard n'est imposée au directeur.)*

De même, les envois en nature faits par la pharmacie principale, en ce qui concerne les approvisionnements compris à l'*état de demande n° 2* (ou achetés sur place au même titre), entrent en ligne de compte pour la valeur même de l'envoi. Les dépenses de cet ordre, ainsi que les frais de transport afférents, seront inscrits sur la feuille d'ouvrage correspondante de l'établissement et figureront, par suite, sur les situations administratives mensuelles, puis trimestrielles, établies conformément aux prescriptions de la présente Instruction (art. 33 et 34).

Le montant des *crédits délégués à l'ordonnateur* est également réparti par le directeur entre les établissements; cette répartition, faite au début de l'exercice, est modifiée selon les besoins, en tenant compte des *quantités d'approvisionnements* délivrés à chaque établissement par le magasin, le total des dépenses de toute nature de chaque établissement devant en principe, ainsi qu'il est dit plus haut, et dans la mesure indiquée par l'article 9 ci-dessus, rester conforme aux indications du plan de campagne.

Les crédits délégués à l'ordonnateur sont employés par les chefs d'établissement dans les conditions indiquées à l'article 26 ci-après.

§ 5. Surveillance du directeur du Service.

ART. 17.

Situation à fournir au directeur par les chefs d'établissement.

Les directeurs de Service, et les sous-directeurs, lorsque cette fonction existe, dirigent l'administration et surveillent la gestion des deniers et matières, dans chaque établissement placé sous leur autorité, par tous les moyens de contrôle qu'ils jugeront utiles.

Cette action s'exerce, en particulier, par l'examen des situations qui leur sont adressées par les établissements (art. 34 et 35) et qui doivent servir de base au directeur pour l'établissement des comptes rendus au Ministre, savoir :

Situations administratives trimestrielles;
Relevés détaillés trimestriels;
Relevé général détaillé;
Situations semestrielles des principaux objets de matériel de réserve (en ce qui concerne chaque pharmacie principale);
Rapport d'ensemble annuel.

Ces divers documents, ainsi qu'il est dit au *chapitre III*, § 4, ci-après, sont établis sur les mêmes modèles et dans les mêmes conditions que les états correspondants adressés par le directeur au Ministre.

ART. 18.

Engagements de dépenses.

Les engagements de dépenses par passation de marché ou convention ne peuvent être autorisés que par le directeur, ou par le sous-directeur lorsqu'il a reçu délégation du directeur à cet effet.

ART. 22.

Décompte du prix de revient de la journée de traitement dans les établissements du Service de santé.

Ce décompte est établi d'après le *modèle n° 5 ci-joint.*
Le prix de la journée de traitement résulte des éléments ci-après :

I. *Décompte des journées d'hôpital ou d'ambulance du Service général et des établissements militaires proprement dits (hôpitaux ou infirmeries-ambulances) par catégorie de malades.*

II. *Décompte des dépenses correspondant au fonctionnement de ces établissements et comprenant :* .

a. *Les dépenses de toute nature effectuées au titre du matériel des hôpitaux ,* égales au montant des *crédits employés* aux articles 1 et 2 du chapitre correspondant, administré par le Service de santé.

La quotité de ces dépenses est relevée sur la *dernière situation administrative du Service ;* elle est représentée par les chiffres totaux correspondant aux articles 1er et 2 dans la colonne de la situation administrative intitulée : «*Total des dépenses effectuées dans la colonie depuis le début de l'exercice*».

Les dépenses des appointements, salaires, etc., du personnel *non militaire* de *toute catégorie,* employé dans les établissements médicaux du Service général, doivent figurer dans ce premier total, ainsi que les primes allouées au personnel militaire.

b. *Les dépenses de solde et de transport du personnel militaire du Service de santé employé dans ces établissements.*

Le chiffre à adopter pour les dépenses de solde sera par simplification, celui des développements budgétaires.

Pour ce qui concerne les dépenses résultant du transport du personnel médical aux Colonies (indemnités de départ, frais de traversée) ou des déplacements intérieurs dans la colonie même, comme il est difficile d'avoir une base précise et simple pour ces dépenses, on se contentera de les évaluer *au quart des dépenses de solde* du personnel médical, décomptées comme il est dit ci-dessus.

c. *Les dépenses nécessitées par l'entretien des bâtiments à titre des réparations locatives.*

Celles-ci résultent de la part attribuée aux bâtiments affectés aux établissements dont il s'agit, pour lesdites réparations, sur l'ensemble des allocations prévues à ce titre dans le groupe de colonies.

(Dans le cas où le régime des allocations pour réparations locatives n'est pas appliqué aux établissements du Service de santé, l'appréciation des dépenses pour réparations locatives est faite par le directeur d'artillerie).

d. *Les dépenses d'amortissement des bâtiments, de grosses réparations, ou d'entretien courant non comprises dans les réparations locatives.*

On évaluera au total ces dépenses au 1/50 (2 p. 100) *du prix d'inventaire*

temps de paix ou en temps de guerre, la période de temps à laquelle correspond l'approvisionnement constitué.

Enfin, la situation semestrielle, outre les approvisionnements en compte au Service de santé, indiquera à titre de renseignement les approvisionnements en *matériel de mobilisation* qui peuvent être confiés aux corps de la colonie et dont ceux-ci sont dépositaires comptables.

ART. 24.

Rapport d'ensemble annuel.

Le rapport d'ensemble signale les particularités intéressantes du fonctionnement des différentes parties du service et donne les explications nécessaires à l'intelligence des situations; il présente les observations du directeur sur l'ensemble des opérations effectuées et formule enfin, s'il y a lieu, des propositions pour l'amélioration du service qui lui est confié.

Le rapport d'ensemble doit faire ressortir, en particulier, les perfectionnements réalisés au point de vue des installations médicales et chirurgicales, et de la constitution des approvisionnements de réserve et de mobilisation.

Il indique enfin, à titre de renseignement, et sous forme de tableau, les prix de revient de la journée de traitement dans les divers établissements du service (établissements du Service général ou établissements militaires proprement dits).

CHAPITRE III.

GESTION DES ÉTABLISSEMENTS.

———

§ 1. COMPTABILITÉ DES CRÉDITS.

———

ART. 25.

Registres de comptabilité financière.

En vue de suivre l'emploi des crédits dont il a la gestion, chaque chef d'établissement fait tenir, sous sa surveillance et sa responsabilité, par un agent sous ses ordres (officier d'administration ou infirmier militaire commis aux écritures) les registres ci-après :

Le *Livre journal de crédits accordés* (*modèle* n° 7 ci-joint), destiné à recevoir l'inscription des crédits attribués à l'établissement, par le directeur, sur l'ensemble des crédits dont il dispose ;

Le *Livre journal des crédits délégués et réintégrés* (*modèle* n° 8), destiné à recevoir l'inscription :

1° Des parts de crédits de délégation attribuées à l'établissement par le directeur ;

2° Du montant des crédits réintégrés au profit de l'établissement, lorsque celui-ci est autorisé, par les instructions générales ou particulières du direc-

3.

Dans tous les cas, l'ordonnateur est tenu au courant des décisions du directeur de Service à cet égard, afin de pouvoir répartir, en conséquence, les délégations de crédits qu'il a reçues, entre les sous-ordonnateurs des dépenses militaires.

Les menues dépenses des divers établissements, qui demandent un règlement immédiat, sont payées au moyen *d'avances* reçues par les services, dans les conditions déterminées par les règlements sur la comptabilité des deniers publics.

En principe, il n'existe qu'*une caisse de menues dépenses* par direction de service ou par sous-direction. Elle fonctionne sous la surveillance du directeur ou du sous-directeur.

Le payement des menues dépenses urgentes, effectuées par les établissements situés *hors de la localité où se trouve la caisse des menues dépenses de la direction ou de la sous-direction*, donne lieu aux opérations suivantes :

a. Lorsqu'il existe dans la localité une *caisse de fonds d'avances locale* ou *une agence spéciale*, les payements ont lieu, au moyen d'*avances immédiates* faites par ladite caisse, sur production d'une pièce justificative provisoire de la dépense, qui est constituée par le duplicata de la pièce réglementaire à joindre à l'appui des justifications des avances. Le primata est adressé à la *caisse de menues dépenses instituée au chef-lieu de la direction ou de la sous-direction* pour être produit ultérieurement au Trésor comme justification.

Cette dernière caisse de menues dépenses rembourse la caisse de fonds d'avances locale ou l'agence spéciale au moyen d'un mandat de trésorerie qui est remis, par les soins du chef de l'établissement intéressé, au gérant de la caisse de fonds d'avances en échange de la pièce justificative provisoire. Celle-ci est enfin adressée elle-même au gérant de la caisse de menues dépenses pour être conservée à l'appui de la comptabilité du Service.

b. S'il n'existe pas de caisse de fonds d'avances locale, les dépenses en deniers faites par l'établissement peuvent être payées, soit par une caisse de menues dépenses constituée, dans l'établissement même, sous la surveillance et la responsabilité du chef de l'établissement, dans les conditions prévues par les règlements financiers, soit, de préférence, au moyen d'avances en numéraire, faites par la caisse de menues dépenses, instituée au chef-lieu de la direction ou de la sous-direction.

§ 2. COMPTABILITÉ DES MATIÈRES.

ART. 27.

Matières en approvisionnement ou en service.

La comptabilité des matières en approvisionnements ou en service dans chaque établissement est suivie au moyen des registres prescrits par l'Instruction du 16 janvier 1905.

En principe, les pharmacies principales comportent seules, *au point de vue comptable*, des *approvisionnements en magasin*.

tenue de la comptabilité financière de l'établissement, sur un registre *ad hoc* (*modèle* n° 11).

Sur chaque feuille d'ouvrage sont portées, au fur et à mesure qu'elles se produisent, les dépenses de la catégorie à laquelle se rapporte ladite feuille, quelle que soit leur nature, savoir :

1° Dépenses de salaires [1] ;

2° Dépenses pour achat de matières objets, denrées immédiatement employées ;

3° *Dépenses en matières prises dans les approvisionnements en magasin*, en vue d'être appliquées aux *consommations, travaux*, etc., dont la feuille d'ouvrage doit précisément faire ressortir le *coût total*.

Pour que les *situations administratives* constituent des relevés exacts, il est nécessaire :

1° Que toutes les dépenses, qui se rapportent à l'achat des matières, denrées et objets ne devant pas être inscrites sur feuilles d'ouvrage, au moment de leur emploi ou de leur consommation (réserve et mobilisation), figurent dans les colonnes n° 3 et n° 12 du tableau I de ces situations ;

2° Que toutes les *autres dépenses*, de quelle nature que ce soit, soient inscrites sur une feuille d'ouvrage.

Le modèle des feuilles d'ouvrage est donné par l'Instruction du 16 janvier 1905 sur la comptabilité des matières appartenant au Département des Colonies (*modèle* n° 52 annexé à ladite Instruction.)

En ce qui concerne les hôpitaux, ambulances ou infirmeries-ambulances, des feuilles d'ouvrage distinctes devront être ouvertes pour les objets ci-après (chaque rubrique ne comportant normalement d'ailleurs, dans chaque établissement, qu'une seule feuille d'ouvrage, mais pouvant cependant comporter exceptionnellement des subdivisions, en plusieurs feuilles d'ouvrage, lorsqu'il peut en résulter plus de commodité pour le service) :

Alimentation : comprenant. ainsi qu'il est dit plus haut, les dépenses en matériel, vivres, main-d'œuvre, etc. qui s'y rapportent.

Médication : comprenant les dépenses en médicaments divers (provenant du magasin ou achetés dans le commerce, pour les besoins courants de la pharmacie de détail de l'établissement), en outillage de pharmacie, en main-d'œuvre, etc.

Chirurgie : Dépenses relatives aux instruments de chirurgie, appareils divers, etc.

Lingerie, literie et couchage.

Mobilier, installations diverses. — Pour toutes les dépenses d'entretien et de renouvellement, qui ne sont pas imputables au budget de l'Artillerie ou à l'allocation pour réparations locatives, prélevée sur ce budget.

---

[1] Sauf, bien entendu, la solde proprement dite du personnel militaire, payée sur un autre chapitre ; les primes et indemnités de travail sont cependant imputées aux dépenses du matériel et portées sur feuilles d'ouvrage.

ART. 3o.

Outillage de consommation courante.

La nomenclature ci-jointe donne la liste du matériel qui, considéré comme *outillage de consommation courante*, sort définitivement du compte des matières appartenant à l'État dès sa mise en service.

La comptabilité d'ordre intérieur de ce matériel est tenue par un ou plusieurs agents chargés de veiller à leur emploi, et responsable vis-à-vis du chef de l'établissement et du directeur. Elle est suivie au moyen de *l'inventaire-carnet* prévu par l'Instruction du 16 janvier 1905 (*modèle n° 5o annexé à* ladite Instruction).

Tout l'outillage de consommation provenant d'achats directs ou du magasin, dès sa mise en service et son inscription sur la feuille d'ouvrage correspondant à son emploi, est porté en entrée sur cet inventaire-carnet.

Le fait de l'inscription de l'outillage de consommation courante sur une feuille d'ouvrage ne diminue d'ailleurs en rien la responsabilité disciplinaire et pécuniaire de l'agent responsable de son emploi.

Celui-ci n'en est valablement déchargé que par une *sortie faite dans des formes analogues* à celles qui sont prescrites pour le matériel en service : mais, bien entendu, ces opérations restent d'ordre intérieur [1], et les pièces qui s'y rapportent, simplifiées selon les instructions du directeur, restent à l'appui des comptes de l'agent responsable dudit outillage.

En dehors de l'outillage de consommation réellement mis en service, il ne devra être pris en magasin ou acheté dans le commerce que le matériel jugé strictement nécessaire pour effectuer des remplacements sans perte de temps. Ces articles seront conservés dans des dépôts situés dans le voisinage des salles ou locaux où ils sont manipulés et dont le chef de l'établissement fixe l'emplacement.

Il est d'ailleurs formellement interdit de constituer des approvisionnements de l'outillage de consommation courante en dehors de ces dépôts. La découverte de pareils approvisionnements entraînerait une répression disciplinaire pour l'agent responsable. De plus, le matériel ainsi trouvé sera reversé d'office au magasin sans qu'il en soit donné décharge audit agent.

Chaque chef d'établissement procédera ou fera procéder, par un médecin ou pharmacien sous ses ordres, au moins deux fois par an, et inopinément, au recensement de l'outillage en cours de consommation.

Enfin, le directeur ou le sous-directeur, dans toutes leurs tournées, s'assureront par eux-mêmes de la bonne tenue de cette comptabilité et de la réalité des existants inscrits.

---

[1] Les approbations nécessaires sont, dans tous les cas, données par le directeur ou le sous-directeur.

Elle est suivie au moyen d'un carnet en deux parties (*modèle* n° 13) faisant ressortir, d'une part, les médicaments achetés ou reçus du magasin, et portés sur feuilles d'ouvrage (sur cette première partie sont reportées périodiquement les sorties, en vue de faire ressortir les restants en cours de consommation); d'autre part, les ordonnances des médecins, relevées sur le cahier de visite, et les médicaments ou produits pharmaceutiques divers employés pour leur préparation.

Ce carnet est visé et vérifié chaque jour par le pharmacien ou le médecin chargé de la pharmacie, qui l'arrête hebdomadairement et le soumet, pour visa, au médecin chef de l'établissement.

Le visa de ce dernier engage sa responsabilité, même pécuniaire.

Le directeur ou le sous-directeur font, soit sur place, dans leurs tournées éventuelles, soit sur pièces, toutes les vérifications utiles en vue de s'assurer de la sincérité et de l'exactitude de cette comptabilité.

Le carnet des médicaments en cours de consommation est, dans tous les cas, communiqué au moins tous les trimestres au sous-directeur ou au directeur, à l'appui des situations administratives de l'établissement; ceux-ci le vérifient et le visent avant de le retourner à l'établissement.

La pharmacie principale ne devant comporter qu'un atelier de *transformation*, dont la comptabilité est suivie au moyen de feuilles d'ouvrage, ne doit pas tenir de carnet de médicaments en cours de consommation.

Les matières sorties des approvisionnements en vue d'une transformation, sont portées sur la feuille d'ouvrage correspondant à cette opération, et les produits confectionnés, décomptés sur le compte de fabrication, sont repris en charge régulièrement par le magasin.

§ 4. ÉTATS RÉSUMANT LA SITUATION ADMINISTRATIVE DE CHAQUE ÉTABLISSEMENT
ET COMPTES RENDUS À ADRESSER AU DIRECTEUR (OU SOUS-DIRECTEUR, S'IL Y A LIEU).

ART. 33.

Situations administratives mensuelles.

Chaque établissement établit, tous les mois, une situation administrative, sur le même modèle que la situation trimestrielle réglementaire (Instruction du 16 janvier 1905, *modèle* n° 59).

Sur le tableau n° 1 de cette situation sont portées :

1° Les dépenses, soit en deniers, soit en matériel, considérées comme définitives, en raison de leur destination bien déterminée, au moment où elles sont effectuées et qui ne *donnent pas lieu à inscription sur feuilles d'ouvrage*. Exemple : les travaux d'installation effectués en régie au compte du budget du Service de santé; pour la pharmacie principale : les approvisionnements reçus au titre de la réserve (état de demande n° 1);

2° Les dépenses inscrites sur feuilles d'ouvrage et décomptées d'après les relevés desdites feuilles.

4.

Elles sont établies sur le même modèle que la situation générale (*modèle n° 6*, ci-annexé) et comprennent, pour chaque pharmacie principale :

1° Le matériel en magasin (y compris celui qui est en dépôt dans les annexes du magasin);

2° Le matériel médical de réserve et de mobilisation confié aux corps de troupe et dont ceux-ci sont dépositaires comptables (matériel régimentaire, etc.), dans le ressort de la pharmacie principale.

ART. 37.
Décompte du prix de revient de la journée.

Il est établi annuellement, pour chaque établissement, à titre de renseignement, pour le directeur du Service qui le conserve dans ses archives, un décompte du prix de revient de la journée de traitement, dans l'établissement. Ce décompte est effectué sur le même modèle et d'après les mêmes bases que le décompte général (art. 22, *modèle n° 5*). Le directeur du Service reporte les résultats de ces décomptes dans son rapport d'ensemble annuel (voir art. 24).

ART. 38.
Rapport annuel.

Enfin, chaque établissement établit, en fin d'année, un rapport qui doit permettre au directeur d'établir le rapport d'ensemble du Service, dans les conditions prescrites à l'article 24.

§ 5. DISPOSITIONS SPÉCIALES AUX ÉTABLISSEMENTS SOUMIS AU RÉGIME DE L'ORDINAIRE.

ART. 39.
Établissements soumis au régime de l'ordinaire.

Lorsque le directeur du Service de santé estime qu'il doit en résulter des simplifications dans la marche du service et des économies pour le budget de l'État, il peut proposer l'application du régime de l'ordinaire pour certaines infirmeries-ambulances ou ambulances.

La décision à prendre à cet égard est du ressort du commandant supérieur des troupes en ce qui concerne les infirmeries-ambulances, et du gouverneur de la colonie intéressée, en ce qui concerne les ambulances du Service général.

ART. 40.
Fonctionnement de l'ordinaire.

Les établissements soumis au régime de l'ordinaire perçoivent, pour chaque journée de traitement et par malade de chaque catégorie, ainsi que pour le personnel du service nourri par l'établissement, une allocation déterminée qui doit subvenir aux frais de nourriture (y compris le matériel de cuisine et de réfectoire proprement dit), de blanchissage et d'entretien de la lingerie,

effet, afin de pouvoir figurer régulièrement dans les relevés desdites feuilles et dans les situations administratives de l'établissement et de la direction du service.

Surveillance du directeur et du sous-directeur du Service.

Les comptabilités de l'ordinaire sont surveillées et vérifiées par le directeur (ou le sous-directeur, si cet emploi existe), dans les mêmes conditions que les autres comptabilités intérieures de l'établissement.

§ 6. REMBOURSEMENT DES FRAIS DE TRAITEMENT DES MALADES.
TRAITÉS À CHARGE DE REMBOURSEMENT.

ART. 43.

Tarifs de remboursement.

Le prix de remboursement de la journée de traitement pour les diverses catégories de malades traités à titre remboursable est fixé chaque année par le gouverneur sur la proposition du directeur du Service de santé et du commandant supérieur des troupes en prenant obligatoirement pour base le décompte établi pour l'avant-dernier exercice, conformément aux prescriptions de l'article 22 du présent règlement.

Le prix de remboursement doit cependant être compris entre les maxima et minima fixés par le Ministre.

Tous ces remboursements sont effectués au profit du Trésor, au titre du chapitre «Recettes d'ordre» (loi de finances du 13 avril 1898).

ART. 44.

Remboursements par les particuliers.

Les particuliers admis dans une formation sanitaire (hôpital, ambulance ou infirmerie-ambulance), à charge de remboursement direct, versent, contre reçu détaché d'un carnet à souche et à titre de provision, soit à l'officier d'administration gestionnaire (dans les hôpitaux), soit au médecin-chef (dans les ambulances ou infirmeries-ambulances), le montant du *nombre de journées de traitement*, fixé par arrêté du gouverneur (ce chiffre ne devra, dans aucun cas, dépasser quinze jours).

A la fin de chaque période, le malade doit faire un nouveau versement équivalent.

A sa sortie, le reliquat du dernier versement lui est remboursé, s'il y a lieu.

A la fin de chaque mois, l'officier d'administration comptable (ou chef d'établissement) verse au Trésor, dans les formes réglementaires, le montant des journées de traitement des particuliers sortis de l'hôpital dans le courant du mois.

Toutefois, pour les malades dont le séjour se prolongerait, il peut être effectué des versements partiels.

qui concerne le Service de santé, sont celles qui sont prévues : 1° par le décret portant règlement d'administration publique sur l'administration des troupes coloniales; 2° par le décret du 26 mai 1903, portant organisation du groupement des forces militaires stationnées aux Colonies; 3° par le décret sur la comptabilité-matières du 22 décembre 1904 et l'instruction et la circulaire du 16 janvier 1905, relatives à l'application dudit décret.

Conformément aux prescriptions de l'article 14 du décret du 4 novembre 1903, il n'est fait aucune distinction, *à cet égard,* entre les divers Services relevant du budget colonial, placés sous l'autorité du directeur du Service de santé.

Il appartient, en outre, au directeur du Commissariat, de faire vérifier par les officiers du Commissariat sous ses ordres la concordance entre la comptabilité des corps de troupes d'une part, et, d'autre part, les registres d'entrées et de sorties des établissements et les feuilles nominales décomptées établies d'après ces registres. Il provoque de la part du commandant supérieur des troupes, les ordres particuliers ou généraux nécessaires pour lui permettre de procéder à ces vérifications.

ART. 49.

Service du casernement.

Par application de l'article 16 du décret du 4 novembre 1903, tous les immeubles affectés au Service de santé, et construits ou entretenus sur le budget du département des Colonies, sont compris dans les bâtiments de casernement, ainsi qu'il est spécifié dans l'instruction ministérielle portant règlement sur le Service du casernement aux Colonies, en date du 16 octobre 1903 (art. 2). Tous ces bâtiments, en ce qui concerne leur construction, leur entretien, leur affectation, l'établissement de l'assiette du casernement, etc., sont donc soumis aux dispositions de l'instruction du 16 octobre 1903 précitée, quelle que soit leur affectation (Service militaire proprement dit ou Service général).

ART. 50.

Dispositions diverses.

Les dispositions des règlements relatifs au Service de santé des Colonies, qui ne sont pas contraires à celles de la présente Instruction restent en vigueur.

Les documents administratifs actuellement fournis au Département et faisant double emploi avec ceux dont l'envoi est prescrit par la présente Instruction, notamment le compte de gestion de l'hôpital, l'état des aliments légers et les états des renseignements pratiques, cesseront d'être établis.

Il n'est dérogé en rien aux décrets et règlements relatifs à la comptabilité des deniers publics ou à la comptabilité des matières en compte au Département des Colonies.

COLONIE

d

RÉPUBLIQUE FRANÇAISE.

LIBERTÉ. — ÉGALITÉ. — FRATERNITÉ.

INSTRUCTION
PROVISOIRE
du 8 juillet 1905.

ARTICLE 5.

MODÈLE N° 1.

Format. { Haut. 0ᵐ39.
{ Larg. 0ᵐ25.

MINISTÈRE DES COLONIES.

DIRECTION DU SERVICE DE SANTÉ.

REGISTRE DES RÉPARTITIONS DE CRÉDITS

ENTRE

LES SOUS-DIRECTIONS OU ÉTABLISSEMENTS.

EXERCICE :   . — CHAPITRE :

LES SOUS-DIRECTIONS.

RÉPARTITION DES DÉLÉGATIONS.

	(1)	(1)	(1)	(1)	(1)	(1)	(1)	(1)	(1)	(1)	(1)	(1)	OBSERVATIONS.
Crédits totaux accordés par le Ministre au début de l'exercice...													
Retenue faite en France pour achat des approvisionnements. N° 1.. N° 2..													
TOTAL DES RETENUES......													
Délégations à recevoir........													
Délégations successives........													

(1) Indiquer les sous-directions ou établissements.

INSTRUCTION
PROVISOIRE
du 8 juillet 1905.

ARTICLE 10.

MODÈLE N° 2.

Format. { Haut. 0^m39.
{ Larg. 0^m25.

COLONIE

d

RÉPUBLIQUE FRANÇAISE.

LIBERTÉ. — ÉGALITÉ. — FRATERNITÉ.

MINISTÈRE DES COLONIES.

DIRECTION DU SERVICE DE SANTÉ.

ÉTAT DE DEMANDE DES APPROVISIONNEMENTS

À ACHETER EN FRANCE POUR L'ANNÉE 19

ÉTAT N° 1.

ÉTAT DE DEMANDE D'APPROVISIONNEMENTS

NON DESTINÉS

À ÊTRE CONSOMMÉS SUR FEUILLE D'OUVRAGE.

EXERCICE : . — CHAPITRE .

NUMÉROS de la NOMENCLA- TURE ou DES MARCHÉS.	INDICATION des ARTICLES DU BUDGET et DÉSIGNATION DES OBJETS.	ESPÈCE DES UNITÉS.	PRIX.	QUANTITÉS		DÉPENSES D'ACHAT d'après les QUANTITÉS		FRAIS de TRANSPORT APPROXIMATIFS à liquider dans la métropole d'après les quantités		TOTAL de LA DÉPENSE.		OBSERVATIONS.
				demandées.	accordées.	demandées.	accordées.	demandées.	expédiées.	proposée.	effective.	

COLONIE

RÉPUBLIQUE FRANÇAISE.

LIBERTÉ. — ÉGALITÉ. — FRATERNITÉ.

INSTRUCTION
PROVISOIRE
du 8 juillet 1905.

ARTICLE 10.

MINISTÈRE DES COLONIES.

MODÈLE N° 2 *bis*.

Format. { Haut. o™39.
Larg. o™25.

DIRECTION DU SERVICE DE SANTÉ.

ÉTAT DE DEMANDE DES APPROVISIONNEMENTS

À ACHETER EN FRANCE POUR L'ANNÉE 19 .

ÉTAT N° 2.

ÉTAT DE DEMANDE D'APPROVISIONNEMENTS

DESTINÉS

À ÊTRE CONSOMMÉS SUR FEUILLE D'OUVRAGE.

EXERCICE : . — CHAPITRE : .

6.

NUMÉROS de la NOMENCLA- TURE ou DES MARCHÉS.	DÉSIGNATION des OBJETS.	ESPÈCE DES UNITÉS.	PRIX.	QUANTITÉS		DÉPENSES D'ACHAT d'après les QUANTITÉS		FRAIS de TRANSPORT APPROXIMATIFS à liquider dans la métropole d'après les quantités		TOTAL de LA DÉPENSE		OBSERVATIONS.
				demandées.	accordées.	demandées.	accordées.	demandées.	expédiées.	proposée.	effective.	

COLONIE

d

RÉPUBLIQUE FRANÇAISE.

LIBERTÉ. — ÉGALITÉ. — FRATERNITÉ.

INSTRUCTION
PROVISOIRE
du 8 juillet 1905.

ARTICLE 11.

MINISTÈRE DES COLONIES.

MODÈLE N° 3 (1).

Format. { Haut. 0m39.
Larg. 0m25.

DIRECTION DU SERVICE DE SANTÉ.

BUDGET COLONIAL. — EXERCICE :   . — CHAPITRE :   .

EXTRAIT DE L'ÉTAT N°

MATÉRIEL À DEMANDER AU DÉPARTEMENT DE LA GUERRE.

ÉTAT DE DEMANDE D'APPROVISIONNEMENTS (2)
À ÊTRE CONSOMMÉS SUR FEUILLES D'OUVRAGE.

NUMÉROS de la NOMEN-CLATURE.	DÉSIGNATION DES OBJETS.	ESPÈCE des UNITÉS.	PRIX.	QUANTITÉS		OBSERVATIONS.
				DE-MANDÉES.	ACCOR-DÉES.	

(1) Pour les approvisionnements demandés au Département de la Guerre.
(2) Destinés ou non destinés.

COLONIE

RÉPUBLIQUE FRANÇAISE.
LIBERTÉ. — ÉGALITÉ. — FRATERNITÉ.

INSTRUCTION
PROVISOIRE
du 8 juillet 1905.

ARTICLE 11.

MINISTÈRE DES COLONIES.

Modèle N° 3bis (1).

Format. { Haut. 0^{m}3g.
Larg. 0^{m}25.

DIRECTION DU SERVICE DE SANTÉ.

Budget colonial. — Exercice : . — Chapitre :

EXTRAIT DE L'ÉTAT N°

ÉTAT de demande d'approvisionnements (2)

à être consommés sur feuille d'ouvrage.

ÉTAT des objets commandés à (3)

NUMÉROS		DÉSIGNATION DES OBJETS à livrer.	ESPÈCE des UNITÉS.	QUANTITÉS à livrer.	PRIX de l'unité.	APPLICATION DES PRIX aux QUANTITÉS.	OBSERVATIONS.
de LA NOMENCLATURE SOMMAIRE.	de LA NOMENCLATURE DES MARCHÉS.						

Ajouter à la main les indications qui ne figurent pas sur l'imprimé.

(1) Pour les approvisionnements à acheter sur marchés passés par le Département des Colonies ou hors marché.

(2) Destinés ou non destinés.

(3) A laisser en blanc, s'il s'agit d'achats hors marché; s'il s'agit d'achats sur marché, en indiquer le titre.

COLONIES.

7

COLONIE
d

RÉPUBLIQUE FRANÇAISE.

LIBERTÉ. — ÉGALITÉ. — FRATERNITÉ.

INSTRUCTION
PROVISOIRE
du 8 juillet 1905.

ARTICLE 13.

MODÈLE N° 4.

Format. { Haut. 0m353.
{ Larg. 0m03.

MINISTÈRE DES COLONIES.

DIRECTION DU SERVICE DE SANTÉ.

CHAPITRE :

DÉCLARATION DE FONDS LIBRES.

Le Directeur du Service de santé certifie que la somme de (1)
reste libre sur les crédits du chapitre (2)   du budget du Ministère des
Colonies pour l'exercice
Cette somme est destinée à

À   , le

Le Directeur du Service de santé,

Vu :

Le Directeur du Commissariat,

Vu :

Le Trésorier-Payeur de la colonie,

Vu :

Le Commandant supérieur des troupes,

(1) En toutes lettres et en chiffres.
(2) Numéro de chapitre.

COLONIE

d

INSTRUCTION
PROVISOIRE
du 8 juillet 1905.

ARTICLE 22.

RÉPUBLIQUE FRANÇAISE.

LIBERTÉ. — ÉGALITÉ. — FRATERNITÉ.

Modèle N° 5.

Format. { Haut. 0ᵐ355.
{ Larg. 0ᵐ23.

MINISTÈRE DES COLONIES.

DIRECTION DU SERVICE DE SANTÉ.

DÉCOMPTE DU PRIX DE REVIENT

DE LA JOURNÉE DE TRAITEMENT

DANS LES ÉTABLISSEMENTS DU SERVICE GÉNÉRAL.

Exercice :

A   , le

Le Directeur du Service de santé,

Vu :

Le Commandant supérieur des troupes,

II. Dépenses imputables au prix de revient de la journée d'hôpital.

a. Dépenses au titre du « Matériel des hôpitaux ». (Relevé des dépenses des articles 1ᵉʳ et 2 de la dernière situation administrative de l'exercice.)..

b. Solde et transports du personnel médical employé dans les établissements du Service de santé :

1° Solde (d'après les prévisions budgétaires)..............

2° Transports et déplacements (évalués au 1/4 des dépenses de solde).....................................

Total pour la solde et les déplacements.....

c. Entretien locatif des bâtiments. (Relevé de la répartition du commandant supérieur des troupes pour la part de l'allocation pour réparations locatives attribuée aux bâtiments des établissements du Service de santé.)......................................

d. Amortissement des bâtiments (1/50 du prix d'inventaire)............

Total..

COLONIE

—

PHARMACIE PRINCIPALE

de

* S'il y a lieu.

RÉPUBLIQUE FRANÇAISE.

LIBERTÉ. — ÉGALITÉ. — FRATERNITÉ.

MINISTÈRE DES COLONIES.

DIRECTION DU SERVICE DE SANTÉ.

SOUS-DIRECTION D *

INSTRUCTION
PROVISOIRE
du 8 juillet 1905.

—

ARTICLES 23 ET 36.

MODÈLE N° 6.

Format. { Haut. o^m 39.
{ Larg. o^m 25.

SITUATION SEMESTRIELLE

DES PRINCIPAUX APPROVISIONNEMENTS DE RÉSERVE

RESSORTISSANT AU SERVICE DE SANTÉ, EXISTANT AU

La classification prescrite par l'article 23 de l'Instruction provisoire sur le Service de santé devra être rigoureusement observée. En outre, le matériel devra être détaillé de façon à donner tous les renseignements techniques nécessaires.

Le matériel en magasin ayant une affectation déterminée devra figurer dans autant de colonnes distinctes qu'il y a d'affectations différentes.

Le matériel de mobilisation d'un modèle suranné ou d'un usage non réglementaire ne figurera sur la présente situation que pour mémoire et dans les cas seulement où il serait encore utilisable et où son emploi serait prévu en temps de guerre.

Les divers modèles d'un même matériel seront énumérés en commençant par les plus anciens.

(1) Indiquer successivement :
    I. Le matériel de campagne ;
    II. Le matériel de station en réserve ;
    III. Les principaux approvisionnements en médicaments qui n'entrent pas dans la composition des unités collectives.

Le matériel de campagne comprendra :
1° Le matériel du service régimentaire, savoir : .
    a. Les paquets individuels de pansement ;
    b. Le matériel régimentaire proprement dit ;
    c. Les paniers mixtes ou complémentaires.
2° Le matériel des services hospitaliers, savoir :
    a. Matériel d'ambulance mobile (par section) ;
    b. Matériel d'ambulance d'évacuation.

Tout ce matériel sera désigné sous le nom des diverses unités collectives ; s'il manque quelques éléments dans une unité collective , il en sera fait mention dans la colonne «Observations».

Le matériel de station en réserve, destiné à constituer la réserve de guerre des formations fixes, comprendra :
    Du matériel de couchage ;
    Du matériel chirurgical ;
    Des éléments de matériel de campagne, etc.

La liste des médicaments à faire figurer sur la présente situation au titre des «principaux approvisionnements en médicaments, n'entrant pas dans la composition des unités collectives», sera déterminée dans chaque colonie par le directeur du Service de santé, à défaut d'instructions ministérielles.

(2) Indiquer les diverses affectations en réservant une colonne pour le matériel sans affectation spéciale. Il convient de comprendre, dans le matériel en magasin, l'ensemble du matériel en compte à la pharmacie principale.

(3) Énumérer dans des colonnes successives les diverses affectations du matériel en service dans l'ordre suivant : Unités diverses, ouvrages de côte ou de place, etc.

(4) Indiquer dans ces colonnes, pour chaque catégorie de matériel, les excédents et les déficits avec un commentaire sommaire, s'il est nécessaire.

EN SERVICE.										TOTAL				OBSERVATIONS.
(1)		(3)		(3)		(3)		(3)				(4)	(4)	
réglementaire.	effectif.	réglementaire.	effectif.	réglementaire.	effectif.	réglementaire.	effectif.	régl. mentaire.	effectif.	régl. mentaire.	effectif.	des excédens.	des déficits.	

A   , le

Le *

* Directeur ou sous-directeur.

8.

COLONIE

d

(1) S'il y a lieu.
(2) Désignation de
l'établissement.

RÉPUBLIQUE FRANÇAISE.

LIBERTÉ. — ÉGALITÉ. — FRATERNITÉ.

MINISTÈRE DES COLONIES.

DIRECTION DU SERVICE DE SANTÉ.

(1) SOUS-DIRECTION D

. (2)

INSTRUCTION
PROVISOIRE
du 8 juillet 1905.

ARTICLE 25.

MODÈLE Nº 7.

Format. { Haut. 0ᵐ39.
{ Larg. 0ᵐ25.

LIVRE JOURNAL DES CRÉDITS ACCORDÉS.

EXERCICE :   . — CHAPITRE :   .

DES CRÉDITS.	OBSERVATIONS.

s'il y a lieu.

COLONIE
de

(1) S'il y a lieu.
(2) Désignation de
l'établissement.

RÉPUBLIQUE FRANÇAISE.

LIBERTÉ. — ÉGALITÉ. — FRATERNITÉ.

MINISTÈRE DES COLONIES.

DIRECTION DU SERVICE DE SANTÉ.

(1) SOUS-DIRECTION D

(2)

INSTRUCTION
PROVISOIRE
du 8 juillet 1905.

ARTICLE 25.

MODÈLE N° 8.

Format. { Haut. 0m30.
{ Larg. 0m25.

LIVRE JOURNAL DES CRÉDITS DÉLÉGUÉS ET RÉINTÉGRÉS.

EXERCICE :   . — CHAPITRE :

COLONIES.

9

OBSERVATIONS.

9.

COLONIE

d

(1) S'il y a lieu.
(2) Désignation de l'établissement.

RÉPUBLIQUE FRANÇAISE.

LIBERTÉ. — ÉGALITÉ. — FRATERNITÉ.

MINISTÈRE DES COLONIES.

DIRECTION DU SERVICE DE SANTÉ.

INSTRUCTION
PROVISOIRE
du 8 juillet 1905.

ARTICLE 25.

MODÈLE N° 9.

Format. { Haut. 0m38.
Larg. 0m25.

(1) SOUS-DIRECTION D

(2)

LIVRE DES CRÉDITS À RÉINTÉGRER.

EXERCICE :   . — CHAPITRE :

NOTA. Ne doivent figurer dans le livre des crédits à réintégrer que les dépenses devant donner lieu à réintégration au profit du chapitre relatif au matériel des hôpitaux (cession de médicaments, etc.).

NUMÉROS D'ORDRE des RÉINTÉGRATIONS.	DATES des RÉINTÉGRA- TIONS.	MONTANT des CRÉDITS.	POUR MÉMOIRE — MAJORATION DU QUART pour LES CESSIONS aux particuliers (à verser au Trésor).	OBSERVATIONS.

COLONIE
d

(1) S'il y a lieu.
(2) Désignation de l'établissement.

RÉPUBLIQUE FRANÇAISE.

LIBERTÉ. — ÉGALITÉ. — FRATERNITÉ.

MINISTÈRE DES COLONIES.

DIRECTION DU SERVICE DE SANTÉ.

(1) SOUS-DIRECTION D

(2)

INSTRUCTION
PROVISOIRE
du 8 juillet 1905.

ARTICLE 28.

MODÈLE N° 10.

Format. { Haut. 0ᵐ39.
Larg. 0ᵐ25.

EXERCICE 19

ORDRE DE TRAVAIL.

SECTION DU BUDGET À LAQUELLE LES DÉPENSES DEVRONT ÊTRE IMPUTÉES.

CHAPITRE   . — ARTICLE   . —   ° SECTION. — NUMÉROS   .

CRÉDIT ALLOUÉ :

Il est ordonné aux détails indiqués ci-dessous d'exécuter le travail suivant :

Nature du travail . . . . {

Détail chargé de l'exécution . . . . . {

Détails pouvant être appelés à con-
courir à l'exécution . . . . {

VISAS.		

A   , le

Le Chef de l'établissement,

Enregistré par l'officier d'administration
sous le n°

COLONIES.

10

COLONIE
d

(1) S'il y a lieu.
(2) Désignation de
l'établissement.

RÉPUBLIQUE FRANÇAISE.

LIBERTÉ. — ÉGALITÉ. — FRATERNITÉ.

INSTRUCTION
PROVISOIRE
du 8 juillet 1905.

ARTICLE 28.

MODÈLE N° 11.

Format. { Haut. 0ᵐ3g. Larg. 0ᵐ25.

MINISTÈRE DES COLONIES.

DIRECTION DU SERVICE DE SANTÉ.

(1) SOUS-DIRECTION D

(2)

REGISTRE D'INSCRIPTION DES ORDRES DE TRAVAIL.

EXERCICE   . — CHAPITRE   .

NUMÉROS D'ORDRE.	DATES des ORDRES.	DÉSIGNATION		DIVISION DU BUDGET à laquelle doit être classée LA FEUILLE D'OUVRAGE.		NATURE ET OBJET DU TRAVAIL.	OBSERVATIONS.
		DU DÉTAIL chargé de tenir LA FEUILLE principale.	DES DÉTAILS appelés à concourir.	Article.	Section.		

INSTRUCTION
PROVISOIRE
du 8 juillet 1905

ARTICLE 31.

MODÈLE N° 12.

Format. { Haut. 0ᵐ39.
{ Larg. 0ᵐ25.

COLONIE
d

(1) S'il y a lieu.
(2) Désignation de
l'établissement.

RÉPUBLIQUE FRANÇAISE.

LIBERTÉ. — ÉGALITÉ. — FRATERNITÉ.

MINISTÈRE DES COLONIES.

DIRECTION DU SERVICE DE SANTÉ.

(1) SOUS-DIRECTION D

(2)

EXERCICE   . — CHAPITRE

CARNET DES ALIMENTS EN COURS DE CONSOMMATION.

PREMIÈRE PARTIE.

RELEVÉ DES ENTRÉES ET DES SORTIES.

NOTA. — Mention de la vérification hebdomadaire est faite dans la colonne *Observations*.

(1)	(1)	(1)	(1)	(1)	(1)	(1)	OBSERVATIONS.
(2)	(2)	(2)	(2)	(2)	(2)	(2)	

INSTRUCTION
PROVISOIRE
du 8 juillet 1905.

ARTICLE 31.

Modèle Nº 12.

Format. { Haut. 0ᵐ39.
{ Larg. 0ᵐ25.

COLONIE

(1) S'il y a lieu.
(2) Désignation de l'établissement.

RÉPUBLIQUE FRANÇAISE.

LIBERTÉ. — ÉGALITÉ. — FRATERNITÉ.

MINISTÈRE DES COLONIES.

DIRECTION DU SERVICE DE SANTÉ.

(1) SOUS-DIRECTION D

(2)

EXERCICE . — CHAPITRE

CARNET DES ALIMENTS EN COURS DE CONSOMMATION.

2ᵉ PARTIE.

RELEVÉ DES CONSOMMATIONS
D'APRÈS LES PRESCRIPTIONS ALIMENTAIRES QUOTIDIENNES
ET L'EFFECTIF DU PERSONNEL EMPLOYÉ OU DES MALADES
NOURRIS PAR L'ÉTABLISSEMENT.

11.

PERSONNEL DU SERVICE.			MALADES.													
			OFFICIERS.				SOUS-OFFICIERS.				SOLDATS.				ENFANTS, INDIGÈNES ET TRANSPORTÉS.			

OFFICIERS.	SOUS-OFFICIERS et soldats européens.	INDIGÈNES.	Ration entière.	3/4	1/2	1/4	Ration entière.	3/4	1/2	1/4	Ration entière.	3/4	1/2	1/4	Ration entière.	3/4	1/2	1/4

REPAS DU SOIR.

MODÈLE n° 12. — Pages 84-85.

TOTAL DES QUANTITÉS DÉPENSÉES.	OBSERVATIONS.

RÉPUBLIQUE FRANÇAISE.

LIBERTÉ — ÉGALITÉ — FRATERNITÉ.

INSTRUCTION
PROVISOIRE
du 8 juillet 1905.

ARTICLE 32.

MODÈLE N° 13.

Format. { Haut. 0ᵐ39.
          Larg. 0ᵐ25.

MINISTÈRE DES COLONIES.

DIRECTION DU SERVICE DE SANTÉ.

(1) SOUS-DIRECTION D

(2)

EXERCICE   . — CHAPITRE   .

CARNET DES DROGUES ET MÉDICAMENTS.

1ʳᵉ PARTIE.

RELEVÉ DES ENTRÉES ET DES SORTIES.

NOTA. Mention de la vérification hebdomadaire est faite dans la colonne « Observations ».

(1)	(1)	(1)	(1)	(1)	(1)	(1)		OBSERVATIONS.
(2)	(2)	(2)	(2)	(2)	(2)	(2)		

COLONIE
d

(1) S'il y a lieu.
(a) Désignation de l'établissement.

RÉPUBLIQUE FRANÇAISE.

LIBERTÉ — ÉGALITÉ — FRATERNITÉ.

INSTRUCTION
PROVISOIRE
du 8-juillet 1905.

ARTICLE 32.

MODÈLE N° 13.

Format. { Haut. 0m39.
          Larg. 0m15.

MINISTÈRE DES COLONIES.

DIRECTION DU SERVICE DE SANTÉ.

(1) SOUS-DIRECTION D

(2)

EXERCICE :   , — CHAPITRE :

CARNET DES DROGUES ET MÉDICAMENTS
EN COURS DE CONSOMMATION.

2° PARTIE.

RELEVÉ DES CONSOMMATIONS DES DROGUES
ET MÉDICAMENTS EMPLOYÉS POUR LES PRÉPARATIONS MÉDICINALES
D'APRÈS LES PRESCRIPTIONS QUOTIDIENNES RELEVÉES
SUR LE CAHIER DE VISITE.

DU

(1)	(1)	(1)	(1)	(1)	(1)	(1)	(1)	(1)	(1)	OBSERVATIONS.
(2)	(2)	(2)	(2)	(2)	(2)	(2)	(2)	(2)	(2)	

COLONIE

d

(1) S'il y a lieu.
(2) Désignation de l'établissement.
(3) Indiquer la catégorie. (Chaque registre est subdivisé par catégorie de malades et comporte un fascicule distinct par catégorie).
(4) En toutes lettres.
(5) Directeur ou sous-directeur.

RÉPUBLIQUE FRANÇAISE.

LIBERTÉ. — ÉGALITÉ. — FRATERNITÉ.

MINISTÈRE DES COLONIES.

DIRECTION DU SERVICE DE SANTÉ.

INSTRUCTION
PROVISOIRE
du 8 juillet 1905.

ARTICLE 25.

MODÈLE N° 14.

Format. { Haut. 0m39. Larg. 0m25.

(1) SOUS-DIRECTION D

(2)

REGISTRE DES ENTRÉES ET SORTIES DES MALADES.

ANNÉE

CATÉGORIE : (3)

Nombre de feuillets : (4)

A   le

Le chef de l'établissement,

Vu :

Le (5)

Nota. Au 1er janvier de chaque année, il est ouvert un nouveau registre sur lequel sont reportés les malades restant à l'hôpital à cette date.

DATE DE LA SORTIE PAR				MALADIES OU BLESSURES.	OBSERVATIONS.
GUÉRISON.	ÉVACUATION. (3)	CONVA-LESCENCE.	DÉCÈS.	ESPÈCE DES MALADIES. Pour les blessures, indiquer le jour et l'heure — la nature — l'endroit du corps, etc.	OPÉRATIONS CHIRURGICALES PRATIQUÉES. dates, résultats.

MINISTÈRE DES COLONIES.

Billet d'hôpital. — (Entrée et Sortie).

CERTIFICAT DE VISITE.

Le N°
grade   corps
sera admis à l'hôpital, étant atteint de

1°
Indication
de la blessure
ou
de la maladie.

2°
Moyens curatifs
déjà employés.

3°
Observations
générales.

A   , le   , 19   .
Le Médecin-major,

OBSERVATIONS DU MÉDECIN TRAITANT SE RAPPORTANT À LA VISITE. (Diagnostic, traitement, etc.)	SIGNATURE du MÉDECIN TRAITANT.

SERVICE DE SANTÉ

MINISTÈRE DES COLONIES.

Billet d'hôpital. — (Entrée et Sortie).

BILLET D'HÔPITAL
concernant :

Nom
Prénoms
Grade
Corps
N°   (1°, N° matricule
Né le   (2° à
soussigné d   , dép.t d
Fils de   et de
domiciliés à   , canton d
dép.t d
Navré à D
refoulement dropicillus à
canton d   dép.t de

A   , le (1)   , 19   .
Le Cécéfalo-somandant,

CASES DESTINÉES À L'APPOSITION DU TIMBRE HUMIDE INDIQUANT	
LA DATE DE L'ENTRÉE.	LA DATE DE LA SORTIE.
N° d'enregistrement à l'hôpital.	

(1) Date en toutes lettres.

SERVICE DE SANTÉ

MINISTÈRE DES COLONIES.

Billet d'hôpital. — (Entrée et Sortie).

INSTRUCTION
PROVISOIRE
du 8 juillet 1905.
ARTICLE 75.

MODÈLE N° 15.

Format {Haut.: m 0,5.
        {Larg.: m 0,33.

MATRICULE.	INVENTAIRE D'EFFETS.	CASE.
n°	CORPS	n°

NOM
Entré le

HABILLEMENT.	PETIT ÉQUIPEMENT.
Capote...............	Bas ou chaussettes (Paire de).
Ceinture de flanelle..	Boîtes (Paire de)........
Culotte..............	Bretelles de pantalon (Paire
Épaulettes (Paire d')..	de).................
Pantalon de drap.....	Brodequins (Paire de)....
— de toile........	Calleçons..............
Tunique..............	Colliers...............
Veste................	Chemises..............
	Cravates ou cols........
Képi................	Cuvelle...............
	Gants (Paire de)........
GRAND ÉQUIPEMENT.	Guêtres de cuir (Paire de).
Bretelle de fusil.......	— de toile (Paire de).
Cartouchière.........	Mouchoirs.............
Cangot...............	Musette...............
Ceinturon............	Pompon...............
Giberne.............	Quart................
Havresac.............	Sac de petits ustensiles..
Porte-mousqueton.....	Souliers (Paire de)......
Shako...............	Tricot................
	Trousse...............
ARMEMENT.	
Fusil ou mousket.....	
Nécessaire d'armes....	
Revolver.............	
Sabre...............	

Le Malade entrant,   L'Infirmier,   chargé du matériel,

SERVICE DE SANTÉ

Nota. Dans le service on complique cette partie en garant ce qui concerne de l'arrivée du malade dans un établissement de l'intérieur. En cas d'évacuation en langue de pays, l'inventaire soit toujours le malade.

13.

ORDRE DE VISITE
pour les officiers sans troupe, les soldés, etc.

M.
soldats   est invité à visiter
M.

et à déclarer s'il est dans le cas d'entrer à l'hôpital et quels sont les motifs de son admission.

                               , le   19   .

                    Le

INDICATIONS SPÉCIALES.

Anciens militaires invalides en exécution de la loi du 11 juillet 1952 et militaires pensionnés ou réformés. (A remplir par le   .)

Domicilié à
canton d   dép' d
titulaire d'une pension de retraite de   sous le n°

d'un traitement de réforme de

d'une gratification de réforme de

CASE DESTINÉE À L'APPOSITION DU TIMBRE HUMIDE INDIQUANT	
LA DATE DE L'ENTRÉE.	LA DATE DE LA SORTIE.
N° d'enregistrement à l'hôpital.	
N° d'enregistrement à l'hôpital.	
N° d'enregistrement à l'hôpital.	
N° d'enregistrement à l'hôpital.	
N° d'enregistrement à l'hôpital.	

OBSERVATIONS DU MÉDECIN TRAITANT au moment de la sortie. (Diagnostic, traitement, etc.).	SIGNATURE du MÉDECIN TRAITANT

COLONIE
d

(1) S'il y a lieu.
(2) Désignation de l'établissement.
(3) En toutes lettres.

RÉPUBLIQUE FRANÇAISE.

LIBERTÉ. — ÉGALITÉ. — FRATERNITÉ.

MINISTÈRE DES COLONIES.

. DIRECTION DU SERVICE DE SANTÉ.

(1) SOUS-DIRECTION DE

(2)

LIVRET D'ORDINAIRE.

Nombre de feuillets (3)

A   le

Le Chef de l'établissement,

INSTRUCTION
PROVISOIRE
du 8 juillet 1905.

ARTICLE 40.

MODÈLE N° 16.

Format. { Haut. 0ᵐ39.
{ Larg. 0ᵐ25.

NOTA. Le présent modèle est donné à titre d'indication en vue de l'adaptation du modèle en service dans les corps de troupes.

Il a été dressé en supposant les perceptions de l'ordinaire faites par période de 10 jours avec une de 11 pour les mois de 31 jours, afin de faire coïncider la fin de chaque série de 3 périodes avec la fin de chaque mois.

13.

Période du   AU   19

DÉSIGNATION DES DENRÉES.	(1)	(1)	(1)	(1)	(1)	(1)	(1)	(1)	(1)	(1)	(1)	OBSERVATIONS.
	(2)	(2)	(2)	(2)	(2)	(2)	(2)	(2)	(2)	(2)	(2)	
Total des dépenses journalières												
Total général des dépenses..........												

(1) Dates.
(2) Il n'est pas tenu compte des quantités ; le montant de la dépense seule est inscrit ; les quantités sont inscrites soit sur les pièces justificatives qui restent à l'appui de la comptabilité de l'ordinaire , soit sur un livret de marché , pour les achats effectués au comptant.

INSTRUCTION
PROVISOIRE
du 8 juillet 1905.

ARTICLE 40.

COLONIE

d

(1) S'il y a lieu.
(2) Désignation de
l'établissement.
(3) Indiquer la pé-
riode (la durée de la
période est fixée par le
directeur du Service de
santé).

RÉPUBLIQUE FRANÇAISE.

LIBERTÉ. — ÉGALITÉ. — FRATERNITÉ.

MINISTÈRE DES COLONIES.

DIRECTION DU SERVICE DE SANTÉ.

MODÈLE N° 17.

Format. { Haut. 0ᵐ39.
{ Larg. 0ᵐ25.

(1) SOUS-DIRECTION DE

(2)

EXERCICE :   . — CHAP. :

FEUILLE NOMINATIVE DÉCOMPTÉE

POUR LA PERCEPTION DES SOMMES DUES À L'ORDINAIRE

(D'APRÈS LE REGISTRE DES ENTRÉES ET DES SORTIES).

Période du (3)   au (3)

II. Personnel du service nourri à l'ordinaire.

NOMS (PAR CATÉGORIE.)	NOMBRE de JOURS de PRÉSENCE.	MONTANT de L'ALLOCA-TION JOURNALIÈRE.	DÉ-COMPTE.	MUTATIONS SURVENUES PENDANT LA PÉRIODE (ENTRÉE OU SORTIE.)
1ʳᵉ CATÉGORIE. — Officiers et assimilés.				
M. X....................		╳	╳	
M. Y....................				
TOTAL pour la 1ʳᵉ catégorie..				
2ᵉ CATÉGORIE. — Sous-officiers et assimilés.				
X.....................		╳	╳	
Y.....................				
TOTAL pour la 2ᵉ catégorie..	.			
3ᵉ CATÉGORIE. — Hommes de troupe.				
X.....................		╳	╳	
Y.....................				
TOTAL de la 3ᵉ catégorie....				
4ᵉ CATÉGORIE. — Indigènes.				
X.....................		╳	╳	
Y.....................				
TOTAL de la 3ᵉ catégorie....				
TOTAL GÉNÉRAL.........	╳	╳		

COLONIE

d

(1) S'il y a lieu.
(2) Désignation de
l'établissement.

RÉPUBLIQUE FRANÇAISE.

LIBERTÉ. — ÉGALITÉ. — FRATERNITÉ.

MINISTÈRE DES COLONIES.

DIRECTION DU SERVICE DE SANTÉ.

(1) SOUS-DIRECTION DE

(2)

INSTRUCTION
PROVISOIRE
du 8 juillet 1905.

ARTICLE 40.

MODÈLE Nº 18.

Format. { Haut. 0ᵐ215.
{ Larg. 0ᵐ33.

ÉTAT DU BONI DE L'ORDINAIRE

AU 31 DÉCEMBRE 19 .

COLONIE

RÉPUBLIQUE FRANÇAISE.

LIBERTÉ. — ÉGALITÉ. — FRATERNITÉ.

INSTRUCTION
PROVISOIRE
du 8 juillet 1905.

ARTICLE 40.

MINISTÈRE DES COLONIES.

MODÈLE N° 18bis.

Format. { Haut. o.m15.
{ Larg. om33o.

DIRECTION DU SERVICE DE SANTÉ.

ÉTAT DES BONIS DE L'ORDINAIRE

AU 31 DÉCEMBRE 19

COLONIE

d

(1) S'il y a lieu.
(2) Désignation de l'Établissement.
(3) Indiquer le commencement et la fin de la période de remboursement que concerne la feuille nominative.
(4) Indiquer le service, l'administration ou le particulier.

RÉPUBLIQUE FRANÇAISE.

LIBERTÉ. — ÉGALITÉ. — FRATERNITÉ.

MINISTÈRE DES COLONIES.

DIRECTION DU SERVICE DE SANTÉ.

(1) SOUS-DIRECTION

(2)

INSTRUCTION
PROVISOIRE
du 8 juillet 1905.

ARTICLES 44 ET 45.

MODÈLE N° 19.

Format. { Haut. 0m39.
{ Larg. 0m25.

FEUILLE NOMINATIVE DÉCOMPTÉE

POUR SERVIR AU REMBOURSEMENT

DES SOMMES DUES POUR JOURNÉE DE TRAITEMENT

PENDANT LA PÉRIODE

DU (3)

AU (3)

PAR (4)

NOTA. Chaque chef d'établissement fait établir à la fin de chaque période fixée pour les remboursements, et en double expédition, des feuilles nominatives décomptées et distinctes par particulier, administration ou service. Ces feuilles sont visées par l'intéressé ou par le chef d'administration ou de Service qui a visé le billet d'hôpital; elles sont ensuite adressées au Directeur du Service du Commissariat chargé de poursuivre les remboursements.

| NUMÉROS MATRICULES (1). | NOMS PAR CATÉGORIE. | GRADES, EMPLOIS, PROFESSIONS. | DATES | | NOMBRE DE JOURNÉES. | PRIX DE LA JOURNÉE. | MONTANT DU REMBOURSEMENT. | OBSERVATIONS (2). |
			DE L'ENTRÉE.	DE LA SORTIE.				
	3ᵉ CATÉGORIE.							
	Rang des hommes de troupe.							
	a.....................							
	b.....................							
	c.....................							
	d.....................							
	e.....................							
	4ᵉ CATÉGORIE.							
	Indigènes, enfants et transportés.							
	a.....................							
	b.....................							
	c.....................							
	d.....................							
	e.....................							

INSTRUCTION
PROVISOIRE
du 8 juillet 1905.

ARTICLE 30.

ANNEXE.

NOMENCLATURE

DE

L'OUTILLAGE DE CONSOMMATION COURANTE.

LISTE DES INSTRUMENTS, APPAREILS, MATÉRIEL ET OUTILLAGE DEVANT ÊTRE DÉLIVRÉS PAR LE MAGASIN AU TITRE DU PETIT OUTILLAGE.

CLASSIFICATION SOMMAIRE.	OBJETS D'UNE VALEUR INFÉRIEURE À
	fr. c.
Instruments de chirurgie....................................	5 00
Objets accessoires pour pansement.............................	5 00
Appareils et objets pour fracture.............................	15 00
Matériel de bactériologie, de physique, de chimie.............	20 00
Matériel de pharmacie..	20 00
Outils employés dans les établissements du Service de santé pour les menus travaux qu'ils sont appelés à effectuer eux-mêmes.................	10 00
Objets et outils mis à la disposition du perruquier..................	5 00
Objets et outils mis à la disposition du jardinier..................	5 00
Matériel d'usage général, tel que balances, poids et mesures; matériel pour le chauffage, l'éclairage, les jeux; matériel roulant; matériel de buanderie.	20 00

NOTA. Tout l'outillage non compris dans la nomenclature ci-dessus, doit être considéré comme outillage de durée.

En particulier : le matériel de salle, de table, de cuisine, de bureau; les meubles et objets d'ameublement (mobilier en bois, en métal, en verre, en pierre, en terre); les rideaux, tapis; les objets spéciaux au service des malades (tels que bassines, crachoirs, lampes, vases de nuit); le couchage, l'habillement, les chaussures, la lingerie de service; le matériel nécessaire au service de la cuisine, de la dépense et de la cave; la vaisselle pour les repas.

TABLE DES MATIÈRES.

§ 6. Remboursement des frais de traitement des malades
traités à charge de remboursement.

CHAPITRE IV.

DISPOSITIONS GÉNÉRALES.

www.ingramcontent.com/pod-product-compliance
Lightning Source LLC
Chambersburg PA
CBHW070941280326
41934CB00009B/1967